Inhalt

Branchenreport MEDIEN & VERLAGE Ausgabe 2/2011

GENIOS BranchenWissen Nr. 11 vom 29.11.2011

Branchenreport MEDIEN & VERLAGE Ausgabe 2/2011

Thomas Trares

Kernthesen

- Bei den deutschen Zeitungshäusern setzt sich der Rückgang bei der Auflage auch in diesem Jahr fort.
- Nur leicht besser sieht es bei den Zeitschriftenverlagen aus.
- Die Branche fragt sich allmählich, ob sie noch attraktiv für den kreativen Nachwuchs ist.
- Derweil konnten die privaten Fernsehsender wieder spürbare Zuwächse bei Umsatz und Gewinn verbuchen.
- Beim Film hingegen läuft es derzeit nicht richtig rund.

Beitrag

Die Zeitungen und Zeitschriften in Deutschland

Die Verlage befinden sich seit Jahren in einer Strukturkrise. Auflagen und Umsatz sinken. Die Verlage können nicht von der allgemein guten Konjunktur profitieren. Während die Wirtschaft 2010 um über drei Prozent wuchs, legte der Umsatz bei den Zeitungsverlagen nur um 0,7 Prozent auf 8,5 Milliarden Euro zu, die Auflage ging sogar um 2,35 Prozent auf 24 Millionen verkaufte Exemplare pro Erscheinungstag zurück. In diesem Jahr setzt sich dieser Trend fort. Die Auflage pro Erscheinungstag liegt inzwischen bei nur noch 23,8 Millionen. Etwas besser sieht es bei den Zeitschriftenverlagen aus. Deren Umsatz steigt 2011 voraussichtlich um 1,4 Prozent auf sieben Milliarden Euro. Gleichwohl ist auch hier eine Rückkehr auf das Niveau von 2008 nicht in Sicht. Für 2012 erwarten die Verleger eine Umsatzsteigerung von einem Prozent auf 7,1 Milliarden Euro. (1), (2), [Abb. 1]

Die Entwicklung ausgewählter

Verlage und Medienunternehmen

Die hundert größten deutschen Medienunternehmen haben 2010 einen Umsatz von 59,4 Milliarden Euro erwirtschaftet, das waren drei Prozent mehr als im Jahr zuvor. Davon entfielen allein 16 Milliarden Euro auf den Branchenprimus Bertelsmann. Auf Platz zwei folgen der Fernsehsender ProSiebenSat1 mit drei Milliarden Euro und der Zeitungsverlag Axel Springer mit 2,9 Milliarden Euro. Die Mehrheit der großen Medienunternehmen hat 2010 mehr Geld erwirtschaftet als im Vorjahr. Allerdings haben die Medienfirmen die zum Teil kräftigen Umsatzrückgänge aus dem Krisenjahr 2008/2009 größtenteils noch nicht aufgeholt. (3), [Abb. 2]

In den ersten neun Monaten dieses Jahres hat Europas größter Medienkonzern **Bertelsmann** den Umsatz um gut zwei Prozent auf 10,7 Milliarden Euro und das Ergebnis um 5,6 Prozent auf 377 Millionen Euro gesteigert. Alle Unternehmensbereiche trugen zu dem Plus bei. Unter dem Dach von Bertelsmann befinden sich die RTL Group, der Verlag Gruner + Jahr, die Dienstleistungstochter Arvato und der Buchverlag Random House. Zum Jahresende wird Konzernlenker Hartmut Ostrowski seinen Posten räumen, Nachfolger wird Finanzchef Thomas Rabe. Weiteres Wachstum sollen der Neuaufbau des Musikrechtegeschäfts und die Finanzierung neuer

Projekte bei der Arvato bringen. (4)

Deutschlands größter Zeitungsverlag **Axel Springer** ("Bild", "Welt") liegt für das Jahr 2011 im Plan. Die Gesamterlöse stiegen in den ersten neun Monaten um 11,7 Prozent auf 2,3 Milliarden Euro, das Betriebsergebnis um 15,7 Prozent auf 446 Millionen Euro. Bereinigt um die in diesem Jahr getätigten Übernahmen bleibt ein Konzernüberschuss von 259,5 Millionen Euro. Während das Digital- und das Auslandsgeschäft brummen, bleiben die Zeitungen das Sorgenkind. Hier gingen die Erlöse in den ersten neun Monaten um 2,3 Prozent auf 854 Millionen Euro zurück. Gleichwohl betont Springer, dass die Zeitungssparte "hochprofitabel" sei. (5)

Ein weiterer Großverlag ist die **WAZ Mediengruppe**. Hauptblatt ist die "Westdeutsche Allgemeine Zeitung". Im Ruhrgebiet gehören noch die "Neue Ruhr/Rhein Zeitung", die "Westfalenpost" und die "Westfälische Rundschau" dazu. Bei der WAZ-Gruppe hatten zuletzt die Eigentümer für Schlagzeilen gesorgt. Petra Grotkamp hat ihren Mitgesellschaftern von der Brost-Holding 500 Millionen Euro geboten; im Gegenzug sollen die Brost-Gesellschafter ihren Anteil von 50 Prozent auf sie übertragen. Mit den Veränderungen im Gesellschafterkreis soll auch ein strategischer Wechsel des Verlags einhergehen, die Gruppe soll sich wieder stärker auf das Inlandsgeschäft konzentrieren. Der Verlag ist vor allem in Osteuropa stark engagiert. Interesse an der WAZ hatte zuletzt auch Axel Springer bekundet. (6)

Derweil laufen bei der **Burda Media Holding** die Geschäfte rund. Die Prognose für 2011 liegt jetzt bei 2,1 Milliarden Euro Nettoumsatz, bisher hatte man zwei Milliarden Euro prognostiziert. Im ersten Halbjahr kletterte der Umsatz um 24 Prozent auf eine Milliarde Euro. Das Wachstum kommt aus dem Internetgeschäft, dem Auslandsbereich und der Druckereisparte. Bei letzterer allerdings nur aufgrund einer Akquisition. Den deutschen Verlagsbereich bezeichnete Burda als "stabil". (7)

Die privaten Fernsehsender

Die **RTL Group**, Europas größter Fernseh- und Radiokonzern, ist für die Konzernmutter Bertelsmann ein verlässlicher Gewinnbringer. In den ersten neun Monaten 2011 legten die Umsätze um 4,4 Prozent auf knapp vier Milliarden Euro zu. Der operative Gewinn kletterte um 4,6 Prozent auf 701 Millionen Euro. RTL hat insbesondere im dritten Quartal von einer guten Werbekonjunktur in Deutschland, Frankreich und den Niederlanden profitiert. Höhere Umsätze verzeichnete auch die Produktionstochter Fremantle (Ufa, Teamworx, Grundy). Bertelsmann hält derzeit knapp 92 Prozent aller Aktien von RTL. In

Deutschland gehören die Sender RTL, RTL2, SuperRTL, n-tv und Vox zur Gruppe. (8)

Für die Sendergruppe **ProSiebenSat.1**, zu der Kabel 1 und 9live gehören, laufen die Geschäfte weiterhin gut. Die Unternehmensspitze erwartet ein “weiteres Rekordjahr”. Den Gewinnzuwachs in den ersten neun Monaten 2011 von elf Prozent auf 532 Millionen Euro hat der Konzern auch eiserner Kostendisziplin zu verdanken. Der Umsatz stieg im gleichen Zeitraum um 6,2 Prozent auf rund 1,9 Milliarden Euro. Vor einem halben Jahr hatte der Konzern seine Töchter in Belgien an den Medienkonzern Sanoma aus Finnland verkauft. In der Folge sank die Nettofinanzverschuldung von drei Milliarden auf 2,1 Milliarden Euro. Die Finanzinvestoren Permira und KKR, die sich 2006 in den Sender eingekauft hatten, hatten diesem bei ihrem Einstieg einen hohen Schuldenberg aufgeladen. (9)

Auch für den chronisch defizitären Bezahlsender **Sky Deutschland** lief es zuletzt etwas besser. In den ersten neun Monaten 2011 konnte man den Verlust um 70 Prozent auf 97 Millionen Euro reduzieren. Der Umsatz kletterte um mehr als 16 Prozent auf 831 Millionen Euro. Die Zahl der Abonnenten stieg um 200 000 auf 2,86 Millionen. Eine Prognose, wann Sky rentabel sein wird, will die Unternehmensspitze noch nicht abgeben. Um schwarze Zahlen zu schreiben, braucht der Sender etwas mehr als drei Millionen

Abonnenten. Sky Deutschland prüft derzeit den Ausstieg aus der Formel-1-Übertragung, zudem gibt man den jahrelangen Kampf gegen Fußballübertragungen in der ARD-Sportschau auf. Der Sender will nun verstärkt in den Service und die Präsentation seiner Inhalte investieren. (10), (11)

Die öffentlich-rechtlichen Sender

Charakteristisch für Deutschland ist die starke Stellung des Gebühren finanzierten öffentlich-rechtlichen Rundfunksystems. Dieses umfasst die föderal gegliederte Arbeitsgemeinschaft der Rundfunkanstalten der Bundesrepublik Deutschland (ARD) sowie das zentral organisierte Zweite Deutsche Fernsehen (ZDF). Während die ARD das Erste Fernsehprogramm, die Dritten Programme sowie zahlreiche Hörfunkangebote betreibt, ist das ZDF ausschließlich im Fernsehen engagiert. Die Gebühreneinnahmen der öffentlich- rechtlichen Sender sind 2010 wieder zurückgegangen, und zwar um knapp 60 Millionen auf 7,54 Milliarden Euro. Gründe waren ein Rückgang der angemeldeten Geräte und die steigende Zahl von Befreiungen von der Rundfunkgebühr. Die Rückgänge sind mit ein Grund dafür, warum die Rundfunkgebühr ab 2013 auf ein Haushaltsmodell umgestellt wird. Zuletzt hatte der Mitteldeutsche Rundfunk angekündigt, dass er sparen müsse. (12)

Die Filmbranche

In Deutschland schwächelt der Kinomarkt. 2010 schrumpfte der Umsatz um sechs Prozent auf 920 Millionen Euro, die Besucherzahlen gingen gar um 13,5 Prozent auf 126,6 Millionen zurück. Für die Filmindustrie sind die Kinoumsätze zwar nicht das größte Standbein, dafür aber richtungsweisend. Denn das Kino ist das erste Glied in der Verwertungskette. Der Erfolg dort entscheidet darüber wie das weitere Geschäft verläuft, etwa mit den DVDs. Im Jahr 2000 betrug der Umsatz mit Kauffilmen in Deutschland 554 Millionen Euro, 2010 waren es 1,4 Milliarden Euro. Im traditionell starken ersten Quartal ging diesmal aber der Absatz mit den DVDs zurück. Dies hat die Branche geschockt. (13)

Constantin Medien ist über die Tochter Constantin Film der führende Filmproduzent und -verleiher in Deutschland. In den ersten neun Monaten schrumpfte bei den Münchnern der Umsatz um 3,2 Prozent auf 309 Millionen Euro, das Betriebsergebnis ging um 29 Prozent auf 2,8 Millionen Euro zurück. Grund war die schwache Entwicklung im Filmgeschäft. Dies konnte auch nicht die bessere Entwicklung in den Bereichen Event-Marketing und Sport, zu dem der Sender Sport1 und die

Produktionstochter Plazamedia gehören, ausgleichen. (19)

Medien und Zeitungen international

Die Medienbranche ist nach dem Einbruch in der Rezession 2009 auf den Wachstumspfad zurückgekehrt. 2010 bezifferten sich die Umsätze weltweit auf 1,42 Billionen Dollar. Für die kommenden Jahre wird ein jährliches Wachstum von 5,7 Prozent prognostiziert. Damit verbunden ist ein starker Anstieg des Anteils digitaler Medien, und zwar von 15 Prozent im Jahre 2006 auf 33 Prozent im Jahr 2015. Die globale Zeitungsauflage sinkt jedoch nach wie vor. Grund ist die Entwicklung in der westlichen Welt. In einigen Ländern in Asien steigt dagegen die Auflage. Die deutsche Medienwirtschaft dürfte bis 2015 jährlich um 3,4 Prozent auf 103 Milliarden Dollar wachsen. Damit wäre Deutschland der viertgrößte Medienmarkt nach den USA, Japan und China. (14), (20)

Die weltgrößten Medienkonzerne kommen aus den USA. Bei **Time Warner** ist die Entwicklung zweigeteilt. Im dritten Quartal haben die Amerikaner zwar erneut mehr verdient, als erwartet worden war, auch der Umsatz stieg um elf Prozent auf 7,1

Milliarden Dollar. Gleichwohl war dies fast nur auf den Erfolg des letzten Teils der Harry-Potter-Filmreihe zurückzuführen. Ohne diesen wäre das operative Ergebnis geschrumpft, da das Fernsehgeschäft und das Verlagswesen rückläufige Ergebnisse ausweisen mussten. Time Warner will sich nun der niederländischen TV-Produzenten Endemol einverleiben. (15)

In Europa legten die Umsätze der größten Medienunternehmen 2010 wieder zu, nachdem sie 2009 krisenbedingt gefallen waren. Insbesondere die Fernsehsender profitierten von der Erholung des Werbemarkts. Die größten prozentualen Zuwächse zeigen sich mit jeweils rund 30 Prozent Plus beim spanischen TV-Anbieter Telecinco und bei der italienischen Panini-Gruppe. Letztgenannte dürfte vom großen Interesse an ihren Sammelbildchen im Zuge der Fußball-WM 2010 profitiert haben. Rückgänge verbuchten dagegen zahlreiche Zeitungs- und Zeitschriftenhäuser. (18)

In Frankreich hat sich der Medien- und Telekomkonzern **Vivendi** eine strenge Kostendisziplin verordnet. Der Konzern fürchtet sonst seine "BBB"-Bonitätsnote zu verlieren". Deswegen gibt es vorerst keine Zukäufe mehr. Vivendi hatte zuletzt sein Kerngeschäft verstärkt. Im Juni übernahm der Konzern die alleinige Kontrolle für den französischen Mobilfunkanbieter SFR. Auch das

Fernsehgeschäft rund um die Pay-TV-Tochter Canal Plus baut Vivendi aus. Zudem hat Vivendi für 1,9 Milliarden Dollar das Tonträgergeschäft von EMI übernommen, um es mit der Tochter Universal Music Group zu verschmelzen. (17)

Die französische Mediengruppe **Lagardère** stand 2011 vor tiefgreifenden strukturellen Änderungen, die aus der geplanten Börsennotierung der 20-prozentigen Beteiligung am Pay-TV-Sender Canal Plus sowie die Veräußerung der Magazin-Sparte resultierten. Schon 2010 waren die Betriebserträge des Herausgebers der Magazine "Elle" und "Paris Match" im Verlagsgeschäft ohne großen Buch-Bestseller rückläufig und auch der Betriebsgewinn im Sportrechtegeschäft ging um rund die Hälfte auf 28 Millionen Euro zurück. Für 2011 musste der Konzern angesichts der sich noch verschärfenden Probleme in der Sportsparte erneut sein Gewinnziel für das Mediengeschäft nach unten korrigieren, der Betriebsgewinn wird voraussichtlich zwischen fünf und zwölf Prozent zurückgehen. (25), (26)

In Italien könnte nach dem Rücktritt des Ministerpräsidenten Silvio Berlusconis dessen Medienkonzern **Fininvest** Ungemach drohen. Noch kontrolliert die Gruppe knapp 40 Prozent des Marktes und über 60 Prozent der Werbeeinnahmen. Das könnte sich aber bald ändern. Die Konkurrenz kann Berlusconi nun nicht mehr kleinhalten. Vor allem der

Pay-TV-Sender Sky Italia des Medienunternehmers Rupert Murdoch könnte Berlusconi gefährlich werden. (16), [Abb. 3]

Trends

Nachwuchsmangel in der Medienbranche?

Meist ähneln sich die Themen, die die Verleger alljährlich auf den Zeitschriftentagen in Berlin besprechen. In diesem Jahr haben sich die Zeitschriftenmacher aber erstmals die Frage gestellt, ob sie denn als Arbeitgeber überhaupt noch attraktiv seien. Lange Zeit mussten sie sich diese Frage nicht stellen, denn die Medienbranche war für junge Leute attraktiv. Bis Ende der neunziger Jahre konnte man davon ausgehen, in der Medienbranche gutes Geld zu verdienen, Aufstiegsmöglichkeiten zu haben und berufliche Sicherheit. Dem ist nach den vielen Streich- und Sparrunden längst nicht mehr so, weder im kaufmännischen noch im redaktionellen Bereich. Offenbar schreckt dies kreative Nachwuchskräfte ab. Auf den Zeitschriftentagen hieß es: “Es wird schwieriger, geeignete Fachkräfte zu finden.” (21)

EuGH kippt Exklusiv-Vermarktung der Fußball-TV-Rechte

Ein richtungsweisendes Urteil hat es zuletzt in punkto Fernsehrechte im Profifußball gegeben. So hat der Europäische Gerichtshof (EuGH) eine Änderung der Exklusiv-Vermarktung im Pay-TV-Bereich beschlossen. Demnach dürfen künftig ausländische Decoderkarten zum Empfang von Übertragungen im Bezahlfernsehen genutzt werden. Das heißt Fußballfans können in Zukunft Verträge mit ausländischen Anbietern abschließen, die Live-Spiele aus der Bundesliga kostengünstiger anbieten als der hiesige Pay-TV-Anbieter Sky Deutschland. Die Preise für nationale Übertragungsrechte dürften gewaltig unter Druck geraten. Bislang hatten die Profiklubs gehofft, bei der Ende des Jahres beginnenden Ausschreibung für die TV-Rechte ab der Saison 2013/2014 mehr als die bislang erzielten 412 Millionen Euro pro Jahr zu erhalten. Für die Deutschland-Rechte zahlt Sky Deutschland im Jahr rund 240 Millionen Euro. (22)

Zahlen & Fakten

Abbildung 1: Zeitungen und Zeitschriften nach Auflage

Jahr	Verkaufte Auflage in Millionen		
Tageszeitungen	**Wochenzeitungen**	**Publikumszeitschriften**	**Fach**
1980	24,1	1,8	84,6
1990	24,7	1,8	109,7
2000	28,3	2	124,4
2005	25,1	2,1	123,1
2006	24,6	2	120,2
2007	24	2	116,7
2008	23,4	2	115
2009	22,8	1,9	113,7
2010	22,5	1,9	112,9
2011*	22,1	1,8	k.A.

* Stand 2. Quartal 2011 Quelle: IVW-Auflagenlisten, eigene Berechnungen Entnommen aus: FAKT Markt- und Branchenstatistiken (23)

Abbildung 2: Die größten Medienunternehmen in Deutschland

Verlage	Umsatz 2010 in Millionen Euro
Axel Springer	2.894
Gruner + Jahr	2.549
Holtzbrinck	2.255
Bauer Media	2.047
Hubert Burda	1.721
WAZ Gruppe	1.200
Medien Union	1.000**
Südwestdeutsche Medien Holding	950**
DSV (Deutscher Sparkassenverlag)	866
Springer Science + Business Media	866
Private TV-Sender	**Umsatz 2010 in Millionen Euro**
ProSiebenSat.1	3.000
RTL Deutschland	1.892
Sky Deutschland	978
QVC Deutschland	719
TMG Tele München	536
Constantin Medien	470
HSE24 Home Shopping	441
Vox	395**
RTL2	281
MTV Networks Germany	229**
Öffentliche TV-Sender	**Umsatz 2010 in Millionen Euro**

Zweites Deutsches Fernsehen	2.058
Westdeutscher Rundfunk	1.379
Südwestrundfunk	1.211
Norddeutscher Rundfunk	1.174
Bayerischer Rundfunk	1.004
Mitteldeutscher Rundfunk	707
Hessischer Rundfunk	488
Rundfunk Berlin-Brandenburg	416
Saarländischer Rundfunk	113
Radio Bremen	97

* Hauptgesellschafter Bertelsmann ** Schätzung/Hochrechnung Quelle: Deutsche Post DHL, Horizont Entnommen aus: HORIZONT 42 vom 20.10.2011 Seite 025 (3)

Abbildung 3: Die größten Medienkonzerne Europas

Unternehmen	**Land**	**Umsatz 2010 in Mrd. Euro**
Bertelsmann	D	15,8
Vivendi	F	12,5
Lagardère	F	8
Reed Elesevier	NL	7,1
Pearson	GB	6,6
ARD	D	6,3

BBC	GB	5,6
Virgin Media	GB	4,5
Mediaset	I	4,3
The Nielsen Company	NL	3,9

Quelle: Institut für Medien- und Kommunikationspolitik (IfM) Entnommen aus: FAKT Markt- und Branchenstatistiken (24)

Weiterführende Literatur

(1) Umsätze der Zeitungsverlage stagnieren
aus Kölner Stadtanzeiger, 06.07.2011

(2) Zeitschriften machen wieder mehr Umsatz
aus Frankfurter Allgemeine Zeitung, 04.11.2011, Nr. 257, S. 15

(3) Konzerne auf Erholungskurs
aus HORIZONT 42 vom 20.10.2011 Seite 025

(4) Bertelsmann tilgt Schulden
aus Westfalen-Blatt vom 11.11.2011

(5) Zeitungen weiter im Minus
aus HORIZONT 45 vom 10.11.2011 Seite 008

(6) Springer bietet mehr als 300 Millionen Euro für

WAZ-Sparte
aus Handelsblatt online vom 20.10.2011

(7) Burda setzt Wachstumsziel nach oben - Der Medienkonzern sieht seine Zukunft in der Digitalsparte, die bereits fast die Hälfte des Umsatzes ausmacht.
aus Handelsblatt online vom 20.10.2011

(8) Bertelsmann kann sich auf RTL verlassen - Das Geschäft der TV-Tochter läuft rund.
aus Handelsblatt online vom 20.10.2011

(9) Nach starkem Quartal ist ProSieben auf Rekordkurs Vorstand erkennt keine Krise - Schuldenlast sinkt
aus Börsen-Zeitung, 04.11.2011, Nummer 213, Seite 12

(10) Sky hat 3 Millionen Kunden in Sicht Pay-TV-Sender gewinnt netto gut 200 000 neue Abonnenten - Hoher Verlust
aus Börsen-Zeitung, 11.11.2011, Nummer 218, Seite 10

(11) Sky beendet Kampf um Sport-Rechte
aus W&V Online-Magazin vom 14.11.2011

(12) GEZ nimmt weniger Gebühren für ARD und ZDF ein
aus W&V Online-Magazin vom 28.06.2011

(13) Wenn die Filmregale zu Hause voll sind
aus Stuttgarter Zeitung, 20.06.2011, S. 12

(14) Weltweite Rückkehr zum Wachstumspfad
aus Password, Heft 07/08/2011, S. 34

(15) Harry Potter zaubert Time Warner die Kasse voll Gewinn steigt dank Filmerfolg um mehr als ein Viertel
aus Börsen-Zeitung, 03.11.2011, Nummer 212, Seite 12

(16) Ende des Mailänder Imperiums Nach Silvio Berlusconis Rücktritt droht auch seinem Medienkonzern Fininvest Ungemach
aus Berliner Zeitung, Ausgabe 274 vom 23.11.2011, S. 30

(17) Vivendi verzichtet auf weitere Übernahmen Hohe Schulden zwingen Medienkonzern zum Sparen // Verkauf von Activision-Anteilen
aus Financial Times Deutschland vom 17.11.2011, Seite 6

(18) Mediengiganten lassen die Krise hinter sich
aus werben & verkaufen Nr. 33 vom 18.08.2011, S. 36

(19) FILM-SPARTE ZIEHT RUNTER: Constantin Medien mit weniger Umsatz
aus kress.de vom 17.11.2011

(20) Die Zukunft der Zeitungen
aus werben & verkaufen Nr. 43 vom 27.10.2011, S. 80

(21) Talente gesucht Auch in der Medienbranche wird es immer schwieriger, kreative junge Menschen an die Verlage und Redaktionen zu binden

aus Berliner Zeitung, Ausgabe 271 vom 19.11.2011, S. 33

(22) Urteil um Fußball-TV-Rechte Aufruhr im
aus Bonner General-Anzeiger, 05.10.2011, S. 26

(23) D: Kennzahlen des Pressewesens 1954-2010
aus Media Perspektiven, Basisdaten, Daten zur Mediensituation in Deutschland, 2010, S. 48

(24) International: Top 50 Medienkonzerne nach Umsatz 2010
aus Sueddeutsche Zeitung, 11.07.2011, S. 21

(25) Lagardère verspricht für 2011 bessere Zahlen Medienkonzern vor erheblichen Veränderungen
aus Börsen-Zeitung, 11.03.2011, Nummer 49, Seite 13

(26) Mischkonzern Lagardere senkt erneut Gewinnziel
aus Handelsblatt online vom 08.11.2011

Impressum

Branchenreport MEDIEN & VERLAGE Ausgabe 2/2011

Bibliografische Information der deutschen Nationalbibliothek

Die Deutsche Nationalbibliothek verzeichnet diese Publikation in der deutschen Nationalbibliografie; detaillierte bibliografische Daten sind im Internet über http://dnb.d-nb.de abrufbar.

ISBN: 978-3-7379-1907-4

oder ähnliche Einrichtungen und die Einspeicherung und Verarbeitung in elektronischen Systemen.